F. Isabel Campoy

Ilustraciones de Marcela Calderón

Poesía eres tú

ANTOLOGÍA POÉTICA

ALFAGUARA

 PRISA EDICIONES

© De esta edición:
2014, Santillana USA Publishing Company, Inc.
2023 NW 84th Avenue
Doral, FL 33122, USA
www.santillanausa.com

© Del texto y las ilustraciones: 2014, F. Isabel Campoy

Dirección editorial: Isabel C. Mendoza
Cuidado de la edición: Ana I. Antón
Dirección de Arte: Jacqueline Rivera
Diseño y montaje: Grafi(k)a LLC
Ilustraciones: Marcela Calderón

Alfaguara es un sello editorial del **Grupo Santillana**. Estas son sus sedes:

ARGENTINA, BOLIVIA, BRASIL, CHILE, COLOMBIA, COSTA RICA, ECUADOR, EL SALVADOR, ESPAÑA, ESTADOS UNIDOS, GUATEMALA, MÉXICO, PANAMÁ, PARAGUAY, PERÚ, PORTUGAL, PUERTO RICO, REPÚBLICA DOMINICANA, URUGUAY y VENEZUELA.

Poesía eres tú. Antología poética de F. Isabel Campoy
ISBN: 978-1-62263-745-4

Published in the United States of America
Printed in USA by Bellak Color Corp.

16 15 14   1 2 3 4 5 6 7 8 9

A Pablo y Diego García-Campoy
que son poesía traviesa.

F. Isabel Campoy

A Fernando, que fue paciencia infinita y arte
y parte del largo proceso de este libro.

Marcela Calderón

Índice

Lápiz, papel y amigos

Del cielo al mar 62

Animales grandes y pequeños   92

El mundo alrededor 130

Identidad y solidaridad   142

Poesía 160

Familias

familias

Abuelo

Mi abuelo.
Espuma en su pelo.
Olor a romero.
Oro en su corazón.

Mamá

Tus besos
son la leña
que vive bajo el fuego
en mi corazón.

Hablar como tú

Abuelita,
quiero hablar como tú
para decirte muy quedo,
quedito,
cuánto te quiero.

Un beso de papá

Papá, ¿puedo pedirte algo?
¿puedo pedirte un beso?
Es para pintarlo
pequeñito y sabroso
y así poderlo guardar.

¡Un equipo genial!

Me gustan los domingos por mil razones.
La mejor es que lo saben los corazones.
Se llenan de alegría porque no hay colegio
y podemos disfrutar de un día entero.

En cuanto llegan mis primos
jugamos con el balón.
Creamos la portería
y formamos un equipo de valor.

Lo más gracioso es Abuelo,
que insiste en ser delantero.
Yo hago lo que yo quiero,
y voy siempre de portero.

Manos grandes

Me gustan las manos grandes de mi mamá
que me traen a la escuela por las mañanas,
me dicen adiós desde la ventana
y otras veces me dan pan.

Me gustan las manos enormes de mi papá
porque dentro a veces esconden
una caricia redonda sobre mi cara
y otras veces flores para mamá.

Me gustan mucho las manos grandes
porque dentro caben las mías
y me dan seguridad.

Familia

Familia,
ellos conmigo
y yo ¡adelante!

¡Adelante!
a construir caminos
que nos lleven juntos
a una vida justa y alegre.

¡Adelante!
a cruzar los puentes
que nos abran mundos
y un nuevo horizonte.

¡Vamos, vamos!

¡Vamos, vamos,
que se hace tarde!
Que espera el día
junto a tu madre.
Leche caliente y pan dulce,
lápices y un libro grande.
¡Vamos, vamos,
que el sol tiene
mil risas que regalarte!

Mi papá dice

Mi papá dice
que no tome sodas
que me hacen mucho daño
a los dientes y a la boca.

Y yo le hago caso, menos los domingos,
cuando papá y yo
nos tomamos una
sentados muy juntos
bajo los pinos.

Cuida a tu hermana

—¡Cuida a tu hermana!
—dice mi mamá.
Pero ella no entiende
que gatea la niña
de aquí para allá.

Me coge los trenes.
Me rompe papeles.
Se sube a la mesa
y dice te-te-te-te.

Pero cuando está cansada
me mira, sonríe,
se viene a mi lado,
y se duerme en mi almohada.

Día de las madres

Para tu fiesta, mamita, mamá,
te traeré una cesta de flores, no más.
Te cantaré canciones.
Te pintaré todo el mar.
Te daré mil besos.
Te quiero mucho, mamá.

Para tu fiesta,
mamita, mamá.

Mi familia

Papá, mamá,
hermana y hermanito.
Dos primos,
cuatro primas,
tres tíos
y mi abuelito.
Hoy comimos todos juntos
¡y parecía Navidad!

Tú eres muy rico

—Eres rico, muy rico
—dice mi padre.
Y me señala al sol,
a mis manos
y a mi madre.

Leche con cereal

Me dice mamá:
—¡Es hora de ir al colegio!
Y yo corro a la cocina
a tomarme
mi leche con cereal.
¡Qué buen desayuno!
¡Debo echarme a andar!

El jardín de tiza

Con tizas de colores
le haré a mi familia
un jardín.

Tendrá lirios,
tendrá rosas,
y una linda mariposa.

Frente a la casa
sobre el cemento
será un jardín muy contento.

Abuelo, ¡a soñar se ha dicho!

Sueño que vuelo.
Y, desde lejos, veo el suelo.
Y sobre el suelo, montañas.
Y sobre las montañas, nieve.
Y sobre la nieve, las nubes.
Sobre las nubes, el cielo.

Sueño que vuelo.
Y de repente,
llega mi abuelo.
—¿Qué haces? —me dice.
—Sueño que vuelo.
—¡No te vayas sin tu abuelo!

Yo le sonrío.
Él mira al cielo.
Y los dos juntos nos vamos
bien seguros de las manos.

La abuela de Ana

La abuela de Ana
le canta una nana
para que se duerma
prontito en su cama.

El suéter de mi hermano

Me viene grande.

Me pica.

Tiene roto el codo.

La piel me irrita, pero,

es de mi hermano mayor

y él me felicita.

—¡Te estás haciendo grande!

—me dice.

Y eso para mí

¡ya es bastante!

Lápiz, papel
y amigos

lápizpapel

Mi backpack

—Lino, ¿dónde está tu libro?
¿Dónde dejaste tu goma de borrar?
¿Dónde el lápiz, los colores,
dónde, dónde, dónde están?

Hoy mirando a mi tortuga
pensé y pensé y pensé.
¡Ya sé! Me compraré
un *backpack* bien grande
para saber siempre
que todo está aquí detrás.

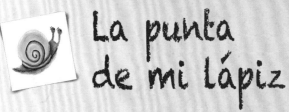

La punta de mi lápiz

Mi lápiz y yo sabemos hablar de cosas
que no necesitan voz.
Yo le digo mis secretos
y él los escribe
mucho mejor que yo.

Ya sé leer

¡Oigan, vengan a ver!
Quiero que todos sepan,
sepan que ya sé leer.

Sé cantar el ABC,
leer mi nombre
y el de mamá también.

Puedo abrir libros,
pasar las páginas,
ver los dibujos.
Contar, sí, contar también sé.

¡Oigan, vengan a ver!
Quiero que todos sepan,
sepan que ya sé leer.

Eco, eco

El eco es
la sombra de la palabra.

Eso, eso, eso es.
El eco, el eco
que lo repite todo una y otra vez.

El eco es
la sombra de la palabra.

Mi mapa

Tengo un tesoro
raro y rico
en mi bolsillo.
No es de oro,
pero es una joya.
No es de plata,
ni de lata,
es un mapa
que me lleva
derechito
a tu corazón.

Los dedos de mis manos y mis pies

Esta mano mía
tiene cinco dedos
y si miro, veo
que hay más todavía.
¡Qué casualidad!
¡La otra es igual!

Y si miro, veo
¡qué casualidad!
que tengo en un pie
cinco dedos más.
¡También en el otro!
Vamos a contar.

Cinco y cinco, diez.
Arriba en las manos,
abajo en los pies.
¡Vamos a contar!
¿Cuántos dedos tengo
yo, en total?

La maestra tampoco sabe

—Maestra —le pregunté un día—,
¿qué hay detrás de las estrellas?
Y ella dijo: —Más estrellas.
—¿Y detrás? —le pregunté.
—Detrás hay más —me dijo.
—¿Cuántas más? —quise saber.
Y ella me dijo: —No sé.

Sube y baja

Sube y baja,
sube y baja,
sube y baja,
la piñata.

Niños aquí,
niñas así,
que ya caen
mil besos y un caramelo
de la piñata.

La cama de mi maestra

Yo sé que mi maestra
vive en la escuela
pero aunque busco y busco
no sé dónde esconde su cama.

El lápiz de Guillermo

Guillermo tiene un lápiz
tan artista como él.
Él lo guía con la mano
y el lápiz pinta el papel.

Comilona y alegre

Corre y ríe.
Come y bebe.
La E es una letra
comilona y alegre.

El reloj

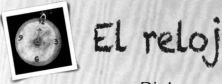

¡Din!
El reloj dio la una,
¡qué hora tan divertida
para mirar a la luna!

¡Din, don!
El reloj dio las dos,
¡qué hora tan tonta
para que vuelva la tos!

¡Din, don, don!
El reloj dio las tres,
¡qué hora tan estupenda
para dormirme otra vez!

Soñar palabras

Me gusta hacer teatro
y hoy ser astronauta
y mañana un jaguar.
Me gusta soñar palabras
para escribir poemas
que solo mi maestra
comprenderá.

Enchufa la batidora y, ¡ya está!

Sonrisas con uvas sin semillas
abrazos muy jugosos,
besitos de plátano fresco
risas de kiwi con cosquillas.

Chistes de fresas y frutillas
mango-tango para cantar y bailar,
todo metido en la batidora
y listo para licuar.

Para mis amigos,
¡el mejor batido está servido!

Amor bilingüe

¿Me quiere?

—Sí.

¿Me quiere?

—No.

¿Me quiere?

—Sí.

¿Me quiere?

—No.

¿Me quiere?

—Sí.

¿Me quiere?

—No.

¿Me quiere?

YES!

La fiesta de disfraces

A su fiesta de disfraces

invitó el sapo a las vocales.

La O se vistió de sol.

La A de arco iris.

La I se vistió de risas,

a las que olvidó ponerles camisas.

La E al verlas venir, rió: je, je, je.

La U le preguntó:

—¿De qué vas vestida tú?

La señora Gramática

¡Qué señora simpática es la Gramática!
Tan rica, tan elegante, tan sencilla.
Sus reglas son siempre tan seguras
como las de su prima Doña Matemática.

Bien cargada de ayudas su mochila
ella feliz se va de visita
a llevar acentos, mayúsculas y comas
a cualquier cuento que los necesita.

Divide las ideas en párrafos,
los párrafos en oraciones.
En cada oración pone un sujeto
y un verbo que cante las canciones.

Nuestra buena amiga la Gramática
es como la música en una canción
aunque la letra nos cuente lo que pasa
la música le pone ritmo a tu intención.

Del cielo al mar

La playa

Luce la tierra en sus hombros
una playa color de arena.
El mar la lava a diario
y el sol le pone
mil collares de luz y perlas.

mar

 # El beso

Vamos a ver cómo besa
el Sol a su novia, la Tierra
y cómo se colorean al verlo
todas, toditas las fresas.

¿Dónde duermen las estrellas?

Dime, tía Dorotea,
dime la verdad.
¿Dónde duermen las estrellas
cuando la noche se va?

Un rayo de sol

Un rayito amarillo
le sale cada mañana al sol,
que se escapa hasta la tierra
y despierta al caracol.
Los pájaros desde su nido
le cantan una canción:
"¡Caracol, col, col
saca tus cuernos al sol!".
Ya todos están despiertos
por ese rayito de sol.

Caracola

Caracola, caracolí,
¿qué es lo que vive dentro de ti?

Dos océanos y un mar,
un barco grande y un calamar,
cien tesoros, un pirata,
mil historias
y la isla de irás
y no volverás.

Estaba una sirena

Estaba una sirena
a la puerta del mar
viendo jugar a las olas
tirarse por un tobogán.

Margarita

Margarita
flor del sí,
flor del no,
flor del juego
que hoy me quiere
y mañana, no.

Azucena

Tan alta
tan blanca
tan recta
y esbelta,
quién diría que guardas
lagrimitas de sol
en tu corazón.

Violeta

Pequeñita
y coqueta
muy humilde
la violeta.

Pregón

¡Aquí, vengan a oír!
Escuchen este pregón
que vendo limón y melón barato,
pastel de piñón y azúcar,
peras y melocotón,
que viene mi camión cargado
desde mi pueblo en Nuevo León.
Salgan a comprar,
señoras, que todo lo más rico
aquí lo van a encontrar.

Pregón de fresas

¡Fresas!

¡Vendo fresas frescas!

¡Fantásticas!

¡Jugosas y fabulosas!

¡Compre fresas frescas!

Si te gusta mi pregón

ven y cómprame un montón.

Lluvia

Quiere una nube negra
bañar sus pies en mi alberca
y al hacerlo llueve y llueve
veinte litros de agua terca.

Bajo las rocas

Ven, vamos a observar
qué es lo que vive debajo del mar.
¿Tendrán camas los peces?
¿Dónde dormirá un calamar?

¿Habrá calles y ciudades?
¿Habrá semáforos, escuelas, parques?
¿Cómo aprenden lo que saben?
¿Qué aprenden los más pequeños
cuando nacen bajo el mar?

¡Qué montón de preguntas
voy a hacerle a mi mamá!

Los colores de la tarde

El sol quiso esta tarde
antes de ir a acostarse
beber jugo de naranja
para calmar su sed de luz y día
de los que nunca parece tener bastante.

Pero su fuego va con él a todas partes
y así se ve cada tarde
una franja del horizonte
incendiarse a lo lejos
arde que te arde.

Voy a ir de paseo

Voy a ir de paseo
por mi jardín.

Saludaré
a las hormigas,
mariposas
y rosas.
Contaré sus colores,
de mil en mil.

Aunque cada una es distinta
todas son felices
en mi jardín.

Ramón y su perro

Ramón remaba su barca
por el río Paraná.
Mientras él movía los remos
a su lado iba cantando
su perrito: "Tralalá.
Tralalá, tralalá,
por el río Paraná".

Canta

Hoy llueve
y yo quiero cantar
un canto alegre
y soñar
que la lluvia le crece
verdes al campo,
frutas al árbol
y flores para mamá.

Alto, bien alto

Alto, bien alto,
sube el árbol al cielo.
Verde, bien verde
se pinta entero en el pinar.
¡Qué bonitos son los bosques
y los vamos a cuidar!

¡Arre, arre!

¡Arre, arre!

Sube la luna la loma.

¡Arre, arre!

Que llega el día.

Que viene la aurora.

Animales
grandes y pequeños

Pavo real

No me enamora tu hermosura
ni tus riquezas.
Toda esta locura
la provoca tu ternura,
y tu forma de caminar.

Elefante

Miro hacia arriba
y me admiro,
¡qué grande es
el elefante!

¿Qué pensará de mí
la hormiga?

La vaca Vicenta

Vicenta es una vaca
grande y muy especial.
Le gusta correr rápido
siempre a gran velocidad.

Ha ganado tres medallas
y es campeona nacional.
En la granja todos la aplauden
y ella sonríe con gran felicidad.

Es tan veloz esta vaca
que cuando corre se eleva
y en lugar de correr, vuela.

Caballitos de mar

¿Sabes si tienen jinete
los caballitos de mar?

¿Cómo escaparán los peces
si los sigue un calamar?

¿Y si hubiera una carrera
quién ganaría?
¿Un delfín, una ballena
o un caballito de mar?

Platero

Platero, personaje hermoso.
Platero, juanramonero,
que come flores,
y sabe escuchar al colibrí.
Platero,
¡cuánto te quiero!

La nube y la ballena

Una nube toca la flauta
subida en la vela
de una barca blanca.
Y una ballena
que por ahí pasa
la mira y le canta.

El gusano Lucas

El gusanito Lucas
tiene hoy ganas de jugar
con su lápiz y su goma
juega a hacernos un mural.

Sube y baja, sube y baja
y colorea sin parar
flores, frutas, hierbas, hojas
hay de todo en su mural.

Se le acaban los colores
de tanto y tanto pintar
y la goma sigue entera
¡nunca tuvo que borrar!

El asno alado de Paul

[Inspirado por *Paul en un asno*, Pablo Picasso, 1923]

¡Arre, borriquito, arre!
le digo yo a mi borrico,
que no se quiere mover.
¡Arre, te digo, burro!
Pero no hay nadie más terco que él.

Así que yo me invento que vamos
mi burrito y yo trotandito, trotando,
por un camino a beber
agua de una fuente mágica
que lo hará ligero de patas
y ya más nunca
querrá dejar de correr.

Soñamos cruzar los países
solo en cuestión de un momento,
y que conocemos a reyes y duques
que quieren escuchar este cuento.

Y al regresar a casa
aunque mi traje y mi sombrero
estén tan limpios como sus patas
solo él y yo sabemos cómo cansan
los honores
y las largas cabalgatas.

La lechuza

U, u, u,
oigo en la noche
un revuelo.
U, u, u,
una lechuza en su vuelo.
U,u,u,
me da mucho miedo.
U,u,u,
¿acaso lo tienes tú?

¿Se ríen los gatos?

Nunca he visto
reír a un perro,
ni a un gato.
Y a un pulpo...
¡Qué va! ¡Jamás!
¿Será que se ríen
cuando uno no está?

¡Qué risa el cangrejo!

¡Qué risa!
¡Ay, qué risa,
qué risa me da!
Ver a un cangrejo
andar en el mar.

Va de lado,
a la derecha,
pero derecho
no va.

¡Ay, qué risa,
qué risa me da!
Ver a un cangrejo
andar en el mar.

A veces soy un gatito

A veces soy un gatito
que maúlla y camina a gatas.
Lo sabe mi hermana Alicia
que si me acerco, me acaricia
la cabeza, el lomo, las patas.
Yo digo: ¡Miau!
Y ella entiende: ¡Gracias!

No pillín, no

Las semillas de flores en mi jardín
atraen aves de colores, ¡un sin fin!
Cabecitas rojas, blancas,
picotean, cantan y saltan;
o se van pronto volando,
porque un gato muy pillín
con ellas, si se descuidan,
quiere darse un gran festín.

Mi fiel jardinero

Mi perro es el mejor jardinero
de todito el mundo entero.
Con sus patas hace
hondo, y bien limpito
un agujero,
donde le gusta plantar
su objeto favorito:
un hueso de cordero.

Él cree que en primavera
le nacerá un ternero.

Caballito claro

Ojos de nube,
crines de luz,
caballito claro,
sueño que soy tú.
Sueño que volamos,
mi cara en tu cuello,
a buscar estrellas
en el campo azul.

¡Imagínate!

¡Imagínate

¡Adelante!

¡Adelante!
Entra en la ilusión
que vive oculta
en tu corazón.

Imagínate

Mi oso de papel

Mi amiga Teresa
tiene un pez sobre su mesa.
Ella acerca su carita
y él la besa, besa y besa.

Yo no tengo pez,
ni perrito, ni gatito
que me besen
una y otra vez.

Pero he pintado
en un papel
un osito blanco
que yo miro cuando quiero,
que yo abrazo cuando quiero.

Yo soñé un día

En alas de la imaginación
salí volando un día
y me convertí en veleta
en lo alto de la estación.

Desde allí vi pasar trenes
que iban y venían
en cualquier dirección
y soñé que era humo y me iba
atado de un hilo en el último vagón.

Fui a ciudades pequeñas y grandes,
conocí museos y un galeón.
Fui al campo, corté flores
y me enamoré de un medio pollito
que vigilaba desde un torreón.

Hoy sueño en volver a soñar
que yo era veleta
y veía la mar.

Cómo imaginar a un extraterrestre

Yo lo imagino así:
un cuadrado en la cabeza
y en la oreja una cereza.
Un triángulo como brazos
y en la mano tres capazos.
Dos círculos en las piernas
y unas botas al revés.
¿Quieres imaginarlo otra vez?

¡Qué cosa divertida es pensar!

La maestra me dice a veces:
—¿Dónde dejaste el lápiz? Piensa, piensa.
Y cuando pienso, allí está.
—Lo dejé en mi cartera —le digo. Y pienso
que pensar es recordar.

Mi mamá me dice a veces:
—Va a ser tu cumpleaños, piensa, piensa,
¿a quién quieres invitar?
Y cuando pienso, allí están.
—A Eduardo, Lupita y Juan —le digo. Y pienso
que pensar es desear.

Mi amiga me dice a veces:
—¿A qué vamos a jugar? Piensa, piensa.
Y cuando pienso, allí está.
—Hoy seremos astronautas —le digo. Y pienso
que pensar es divertido
porque pensar es soñar.

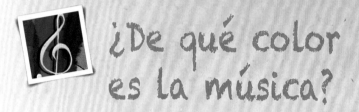

¿De qué color es la música?

Abuela, ¿de qué color es la música?
¿Cómo la puedo pintar?
¿Es verdad que la del violín es rosada
y la del tambor tan roja
como mi amor por mamá?
¿Es verdad que la guitarra llora
lágrimas blancas
cuando la luna añora
una carta por llegar?

Dime, abuela, si es verdad
que la alegría puede ser azul y verde
como las olas del mar.

Mi voz

Mi voz solo se oye cuando hay silencio.

Me paro y escucho: "¿Qué pasaría?".

Cojo el lápiz y escribo: "¿Qué pasaría?".

¿Qué pasaría si yo le descubriera raíces al sol?

Si pudiera convertir esta ciudad en chocolate,

o parar la cresta de una ola, para poderla escalar.

¿Qué pasaría si me pusiera a escuchar

de qué hablan las gaviotas

cuando vuelan sobre el mar?

¿Qué pasaría?

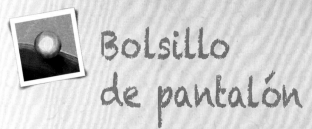

Bolsillo de pantalón

Tengo un bolsillo mágico
en mis pantalones,
cuando en él meto la mano
encuentro dulce de mango,
bolitas ¡y hasta dragones!

¡Viva la música!

Piano, bombo y platillo.
Violín, banjo, violonchelo.
Flauta, gaita, o acordeón.

Corno, trompeta, tambor.
Viola, corneta, organillo.
Castañuelas, saxofón.

¡Cualquier instrumento vale
para alegrar la reunión!

El mundo alrededor

el mundo

Planeadores

Mariposas gigantes
entre el precipicio y la playa
corren, corren, y allá van,
a buscar a las gaviotas
a la orilla del mar.

Mariposa de alas grandes,
allí donde aprendiste a volar,
¿te dijeron que el salto más grande
lo da el alma al desear?

Cuartetos al fútbol

Dos equipos, once contra once,
miran al árbitro en el centro,
gritos, calor, balón, me concentro,
cae el sudor por mi piel de bronce.

Nos miramos con desaliento
es una defensa invencible.
Meter este gol, ¿será posible?
Segundo tiempo. Vamos perdiendo.

Cinco defienden la portería,
frente a ellos yo chuto la falta,
hay un hueco si la tiro alta,
¡tendré que afinar mi puntería!

Viene el árbitro, suena el pito,
miro arriba, apunto hacia el sol,
la pelota en el aire y... ¡GOOOOL!
Todo el estadio explota en un grito.

Tamales

Doña Ana
va al mercado
cada mañana.

—¡*Tamales, vendo tamales!*
Recién hechitos, bien calentitos.

Doña Ana
compra tamales
cada mañana

De fiesta

Es mucho más divertido
irse de fiesta
que venir de vuelta.

Cuida la vida

Cuida la flor que es tuya.

Cuida el agua que es tuya.

Cuida los árboles y las rosas

y también las mariposas.

Cuida el campo.

Cuida la playa.

Cuida la vida,

la tuya, la mía y la de los demás.

A ojos de pájaro

Todo es

mucho más pequeño

a ojos de pájaro.

Como el poder.

Veo, veo

—Veo, veo.

—¿Qué ves?

—Una rosa del revés.

—¿De qué color es?

—Rosa.

    ¿Te lo digo otra vez?

    Veo, veo...

—¿Qué ves?

—Un animal peligroso.

—¿Qué animal es?

— Un oso.

    ¿Te lo digo otra vez?

    Veo, veo...

Los peores dragones para mí

No sé por qué, por las noches,
todos los peores dragones
se vienen a dormir.

Entre calcetines y coches
se meten en silencio
a mis cajones.

¿Por qué no se irán a vivir
con mis primos
bien lejos de aquí?

Ensalada de risas

Para hacer una ensalada de risas
se necesitan:

Chistes, bromas, cosquillas.
Y un cuento de mentirijillas.
Gracia para compartir
un montón de simpatía.
Tres kilos de sana alegría.

¡Y amigos con quien reír!

En el fondo del mar

Mírame a los ojos,
pececito de mar.
¿Es verdad que allí nacimos
tan chiquititos no más?

Prohibido en verano

Ni pantalla de computadora,
ni pantalla de televisor.
Ni de i-pad, ni de i-pod,
y de teléfono, ¡peor!

En verano está prohibido
todo lo que se enchufe
o necesite batería,
¡vaya tontería!

En verano
lo que debe conectarnos
¡es la simpatía!

La risa

Tan sencilla la risa
tan fácil de enseñar.
A todos los gruñones
¡los debemos conquistar!

Identidad
y solidaridad

Mis manos

Mis manos
son el mantel
donde
se alimenta
mi orgullo.
Y la dignidad.

Mi historia

Mía la historia
culta,
honrada,
valiente.
Mío el orgullo
de ser latino.
Y suficiente.

En el museo esta tarde

En el museo esta tarde
por fin he comprendido
que agua y tierra dan barro
y hay algo allí escondido.

Vi animales con plumas,
figuritas de antiguos aztecas,
serpientes, jaguares, pumas
y una máscara tolteca.

¡Qué orgullo ser yo parte
de cultura tan completa!
¡Qué bonito ver mi cara
en las caras de este arte!

Aquí vivimos

Vengo a cantarte
una canción
de hermana a hermano
de orgullo y amor.

Aquí vivimos,
aquí aprendemos,
aquí soñamos
tanto tú como yo.

Tú no eres latino,
pero hablas español.
Yo hablo tu lengua.
Somos amigos,
tú y yo.

El color
de mis ojos

¿De qué color
ven el mar los ojos negros?
¿Y los azules,
lo ven igual?

Ahora me toca a mí

Me gusta oír a la maestra
leernos cuentos,
pintar dibujos
o hacer cometas.

Me gusta ver a los niños
en el jardín,
jugar a juegos
de corre-corre
y al saltarín.

Ya no quiero estar solo.
Yo también quiero
entrar en el juego.
Hoy quiero que me miren.
Hoy me toca a mí.

Música en Navidad

¡Vengan, vengan!
que ya empiezan a sonar
las trompetas que anuncian
la Navidad.

¡Suban, suban!
Suban hasta el pinar
que aquí se ven las estrellas
y al Niño en aquel pajar.

Hoy es un día de gloria,
un día para cantar
a la vida y a la historia,
que cada año hoy
vuelve la vida a empezar.

Juega conmigo

Amigo,
juega conmigo,
tú en inglés
y yo en español.

Amigo,
juega conmigo,
a ser bilingües
valer por dos.

Amigo,
juega conmigo,
a ser hermanos
ricos los dos.

Amigo,
juega conmigo
que hoy es domingo
y brilla el sol.

Abre la mano

Abre tu mano y mira
cómo se distingue un dedo
de otro dedo.
Toma un pincel y pinta
tu nombre letra a letra
y todo entero.
Es igual en este mundo:
cada uno es parte distinta
de un todo bello y eterno.

Marimba

En nuestras plazas
se oyen las huellas
de tu voz de madera.

Y el eco de esa voz
es una inmensa sombra
bajo la que hablamos de amor.

No te olvides, no

No te olvides, no,
de decir familia,
de decir amigo,
de hablar español.

No te olvides, no,
que al hablar dos lenguas
tú eres culto y rico
y vales por dos.

No te olvides, no,
de lucir tu orgullo
al decir latino
que latina soy.

No te olvides, no.

Yo soy autor

He escrito un libro
sobre algo muy especial.
Una cosa de mi vida,
un evento de verdad.

En él cuento la historia
de un día.
Era invierno y llovía.
Era por Navidad.

La casa olía a comida.
Llegaban primos y tías.
Traían pasteles, tortitas,
frutas y una gran felicidad.

Aquel día escuché
muchos cuentos
sobre historias de verdad
que papá nos contaba,
sobre su vida, y la de mamá.

Fue entonces cuando dijo
que yo soy autor de mi historia.
Una historia hermosa y rica,
una que hay que contar.

Poesía

Un río de lava

Tienes en tus manos
un río de lava
que lleva en sus venas
palabras calientes
escritas con alma.

Aquí se abre para ti
una aventura sin límites
ya que cada poema es un río
y tú puedes ser la corriente.

Lee con intención
y disfruta los versos
que grandes poetas
para ti escribieron
desde el corazón.

La poesía es una canción

"dime si donde nadas dulce es la sal" (Mirta Aguirre)

La poesía es una canción,
si la cantas con música
o también si no.

Poesía es tener en tu imaginación
un dragón azul esperándote en la escuela,
un paseo con tu abuela
y hacer dulce la sal.

Poesía es lo que le dices a un amigo,
a tu maestra, a tu papá o al cartero,
y si lo que dices es bello
es poesía aún más.

Poetas somos tú y yo
pues para serlo nos basta saber usar
una palabra en mil formas:
las mil formas del verbo AMAR.

Poesías y poetas

Porque sabes mirar en la huerta
a las copas de los árboles
y ver los mil colores
que tiene el verde,
tú, lector grande de este libro pequeño,
tú, ya eres poeta.

Abrázame

Abrázame muy despacio
como si fuera un gorrión
caliente y chiquito
porque soy un poema
muy tierno y muy cortito.

Apréndeme de memoria
para que puedas contar
siempre a otros
mi pequeña historia.

Manual de vuelo

La otra noche me quedé dormida
bajo la rama azul del cielo.
Y soñé que te hablaba
de selvas doradas y tigres de plata
y cuando desperté supe
que es bello dormir bajo las estrellas
porque te contagian de la luz
que vive dentro de ellas.

Así es con la poesía
que te hace soñar que vuelas
y cuando lo intentas
ves que tus palabras
de verdad tienen alas.

Este es tu manual de vuelo
disfrútalo y compártelo
con tus compañeros.

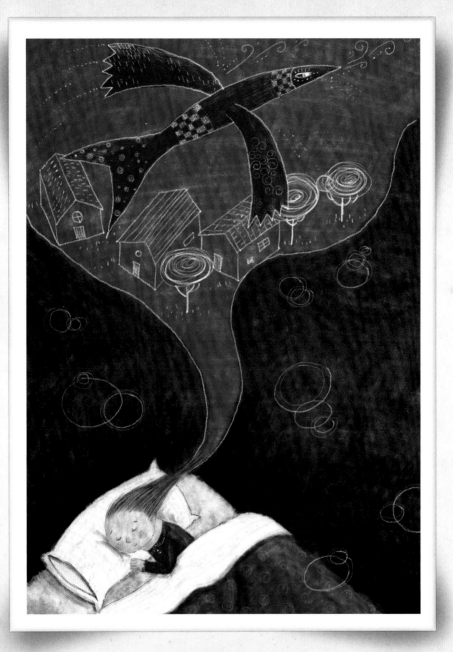

F. Isabel Campoy

F. Isabel Campoy es una reconocida autora latina de numerosos libros para niños. Sus publicaciones incluyen obras de poesía, teatro, cuentos, biografías, canciones y arte. Ha desarrollado una amplia labor como traductora y como promotora de la educación bilingüe en Estados Unidos. Es co-autora junto con Alma Flor Ada de las colecciones *Cuentos para celebrar* y *Puertas al sol*. Ha recibido múltiples galardones literarios y es miembro colaborador de la Academia Norteamericana de la Lengua Española.

Marcela Calderón

Marcela Calderón creció en San Nicolás, Argentina, y luego vivió en Buenos Aires. Estudió flauta dulce y travesera en el Conservatorio Nacional de Música Carlos López Buchardo, y durante varios años se dedicó a la música. Sin embargo, también es ilustradora por vocación y le encanta escribir. Ha colaborado en distintas publicaciones de libros de texto y de literatura infantil y juvenil, tanto en Argentina como en otros países. Todos los meses colabora con ilustraciones y textos para la revista infantil *La Valijita Billiken*.